Índice

Rourke
Educational Media
rourkeeducationalmedia.com

¿Puedes encontrar estas palabras?

comparte

escucha

juntos

le importa

¿Qué hacen los amigos?

Los amigos son amables unos con otros.

Un amigo ayuda.

—¡Podemos hacerlo **juntos**!

juntos

5

Un amigo **comparte**.

comparte

—Puedes leer mi libro.

Un amigo **escucha**.
—¿Por qué estás triste?

le importa

A un amigo **le importa.**

—Siento que te hayas lastimado.

11

Un amigo espera su turno.

—¡Es tu turno para jugar! ¿Eres un amigo?

¿Encontraste estas palabras?

Un amigo **comparte**.

Un amigo **escucha**.

—¡Podemos hacerlo **juntos**!

A un amigo **le importa**.

Glosario fotográfico

 **comparte:** una persona comparte cuando le da algo a otra.

 **escucha**: una persona escucha cuando presta atención a palabras o sonidos.

 **juntos:** significa hacer algo con otra persona.

 **le importa:** a una persona le importa cuando siente interés o preocupación.

Índice analítico

Sobre la autora

Charlotte Hunter escribe libros sobre todos los temas, desde la amistad hasta las frutas. Cuando no está escribiendo, le gusta hacer largas caminatas con su perra Penny.

www.rourkeeducationalmedia.com

PHOTO CREDITS: Cover ©Viorika, © kirin_photo, Page 3 ©By Golden Pixels LLC, Page 2,4-5,14,15 ©By ZouZou, Page 2,6-7,14,15 ©andresr, Page 2,8-9,14,15 ©szefei, Page 2,10-11,14,15 ©By MNStudio, Page 12-13 ©gilaxia

Edición: Keli Sipperley
Diseño de la tapa: Kathy Walsh
Diseño interior: Rhea Magaro-Wallace
Traducción: Santiago Ochoa
Edición en español: Base Tres

Library of Congress PCN Data
Qué hacen los amigos / Charlotte Hunter
(Días de descubrimiento)
ISBN (hard cover - spanish)(alk. paper) 978-1-64156-932-3
ISBN (soft cover - spanish) 978-1-64156-956-9
ISBN (e-Book - spanish) 978-1-64156-980-4
ISBN (hard cover - english)(alk. paper) 978-1-64156-167-9
ISBN (soft cover - english) 978-1-64156-223-2
ISBN (e-Book - english) 978-1-64156-277-5
Library of Congress Control Number:2018956003

Printed in the United States of America, North Mankato, Minnesota